काव्य-मालिका

केरल विश्वविद्यालय, केरल के स्नातक स्तर, चतुर्थ वर्ष,
प्रथम सेमेस्टर के लिए पाठ्य-पुस्तक

काव्य-मालिका

केरल विश्वविद्यालय, केरल के स्नातक स्तर, चतुर्थ वर्ष,
प्रथम सेमेस्टर के लिए पाठ्य-पुस्तक

सम्पादक

डॉ. सुष्मिता ओ.वी.

डॉ. तनूजा ताहा

वाणी प्रकाशन

प्रकाशन के उत्कृष्टतम 61 वर्ष

vaniprakashan.com

प्रथम संस्करण : 2024

वाणी प्रकाशन

4695, 21-ए, दरियागंज, नयी दिल्ली-110 002

फ़ोन : +91 11 23273167, 23275710

शाखाएँ

अशोक राजपथ, पटना-800 004, बिहार

कॉफ़ी हाउस कैम्पस, महात्मा गांधी मार्ग, प्रयागराज-211 001, उत्तर प्रदेश

महात्मा गांधी अन्तरराष्ट्रीय हिन्दी विश्वविद्यालय, वर्धा-442 001, महाराष्ट्र

36/ए, शेक्सपियर सरणी, रानी बिरला गर्ल्स कॉलेज के पास, कोलकाता-700 017, प. बंगाल

sales@vaniprakashan.in
vaniprakashan@gmail.com

Kavya-Malika

Edited by Dr. Susmitha O. V.
Dr. Thanooja Thaha

ISBN : 978-93-6287-318-7

मूल्य : ₹ 70

आर. टेक ऑफ़सेट प्रिंटर्स, दिल्ली-110 032 में मुद्रित

वाणी प्रकाशन का लोगो मक़बूल फ़िदा हुसेन की कूची से

सम्पादक की ओर से

यह पाठ्य पुस्तक 'काव्य मालिका' केरल विश्वविद्यालय के यू.जी. प्रथम सेमेस्टर के विद्यार्थियों को ध्यान में रखकर तैयार की गयी है। यह कविताओं का संकलन है। आशा है कि यह पुस्तक विद्यार्थियों तथा अध्यापकों के लिए उपयोगी सिद्ध होगी। हम उन सभी कवियों के प्रति तहे दिल से कृतज्ञता प्रकट करते हैं जिनकी रचनाएँ इस संकलन में सम्मिलित की गयी हैं।

अनुक्रम

कृति-पाठ : 1

कृति-पाठ : 2

कृति-पाठ : 3

कृति-पाठ : 1

आधुनिक काव्य का विकासात्मक परिचय

भारतेन्दु बाबू हरिश्चन्द्र आधुनिक युग के जनक माने जाते हैं। इस युग की काव्य कृतियों से यह स्पष्ट हो जाता है कि इनमें परम्परा और आधुनिकता का संगम है। कुछ रचनाओं में अतीत का गुणगान मिलता है तो कुछ में आधुनिकता बोध। प्रेम, भक्ति और समाज सुधार उस समय के काव्य के प्रमुख विषय रहे। वस्तुतः कविता की दृष्टि से यह संक्रमण का युग था। रचनाकारों के विचारों में क्रमशः परिवर्तन हो रहा था। उनके पूर्वगत संस्कारों का पूर्ण रूप से मोहभंग भी न हुआ था, साथ ही वे नवीन संस्कारों को भी अपना रहे थे। कविता का दरबारीपन लगभग समाप्त हो रहा था और गाँवों तथा नगरों की ओर उनका ध्यान जाने लगा था। आधुनिक विचारों का अधिक प्रचार नगरों में ही हो रहा था। उन्हीं के सम्पर्क से इन कवियों में नयी चेतना पैदा हो रही थी। काशी नवजागरण का प्रमुख केन्द्र थी और यहीं का साहित्यिक परिवेश भी सर्वाधिक जागरूक था। तत्कालीन परिवर्तनशील सामाजिक मूल्यों का भी उन पर प्रभाव पड़ रहा था। प्राचीन और नवीन का यही समन्वय संक्रमण काल की प्रमुख विशेषता है।

इस युग की अधिकाधिक कविताएँ वस्तुनिष्ठ एवं वर्णनात्मक हैं। छन्द भाषा एवं अभिव्यंजना पद्धति में प्राचीनता अधिक थी, नवीनता कम। यद्यपि खड़ी बोली का आन्दोलन प्रारम्भ हो चुका था किन्तु कविता के क्षेत्र में ब्रजभाषा ही सर्वमान्य काव्य भाषा रही। नवीन और प्राचीन के सामंजस्य पर आचार्य रामचन्द्र शुक्ल की यह टिप्पणी बहुत महत्त्वपूर्ण है–

"उस रुचि भाव के कवियों में ध्यान देने की बात यह है कि वे प्राचीन और नवीन का योग इस ढंग से करते थे कि कहीं से जोड़ नहीं जान पड़ता था। उनके हाथों में पड़कर नवीन भी प्राचीनता का एक विकसित रूप जान पड़ता था।"

सुधार काल (1901-1999)

जागरण काल अथवा भारतेन्दु काल में काव्य के क्षेत्र में कई परिवर्तन हुए। नवीन सामाजिक और राजनीतिक परिस्थितियों के दबाव से कविता में नया मोड़ आया।

प्रतिपाद्य विषय, शैली, रूप, विधान और छन्द, योजना में परिवर्तन हुए। लेकिन उस युग की अपनी सीमाएँ भी थीं। आधुनिकता के समावेश के साथ ही परम्परा के प्रति लगाव बना हुआ था। इसके अतिरिक्त काव्य विषय में नवीनता और आधुनिकता अवश्य आयी थी किन्तु काव्य भाषा अब भी ब्रज ही थी। महावीर प्रसाद द्विवेदी के आगमन से भाषा और विषय दोनों क्षेत्रों में परिवर्तन परिलक्षित हुए। इसीलिए इतिहास-ग्रन्थों में इसे 'द्विवेदी युग' भी कहा गया है। इस युग के साहित्यकारों ने यह अनुभव किया कि हिन्दी के नाम से दो भाषाओं में कार्य हो रहा है। गद्य खड़ी बोली में लिखा जा रहा है किन्तु पद्य रचना ब्रज में ही हो रही है। गद्य और पद्य की भाषा अलग हो यह उचित नहीं था। इसीलिए खड़ी बोली के समर्थन में एक आन्दोलन उठ खड़ा हुआ और धीरे-धीरे कविता के क्षेत्र में भी ब्रज का स्थान खड़ी बोली ने ले लिया। वस्तुतः इसे 'भाषा परिवर्तन का युग' कह सकते हैं। इस युग के प्रमुख कवि हैं—महावीर प्रसाद द्विवेदी, नाथूराम शर्मा 'शंकर', अयोध्यासिंह उपाध्याय 'हरिऔध', रामनरेश त्रिपाठी, मैथिलीशरण गुप्त, श्रीधर पाठक, सत्यनारायण कविरत्न, जगन्नाथ दास रत्नाकर आदि।

छायावाद (सन् 1920-1935 ई.)

1918-1919 के आसपास हिन्दी कविता में एक नयी प्रवृत्ति का उन्मेष दिखाई पड़ता है जो सन् 1920 तक स्पष्ट रूप से मुख्य साध्य प्रवृत्ति के रूप में उभरकर आ जाती है। काव्य की इस नयी धारा को छायावाद के नाम से अभिहित किया जाता है। यह काव्य प्रवृत्ति द्विवेदीयुगीन काव्य की प्रतिक्रिया के रूप में आयी। डॉ. नगेन्द्र ने इसे स्थूल के प्रति सूक्ष्म का विद्रोह कहा है। छायावाद के प्रमुख चार स्तम्भ थे—बाबू जयशंकर प्रसाद, सूर्यकान्त त्रिपाठी 'निराला', सुमित्रानन्दन पन्त तथा सुश्री महादेवी वर्मा। इनके अतिरिक्त बालकृष्ण शर्मा 'नवीन', मोहनलाल महतो, रामकुमार वर्मा, रामनाथ सुमन, उदयशंकर भट्ट, आरसीप्रसाद सिंह, केदारनाथ मिश्र 'प्रभात', जानकीबल्लभ शास्त्री, गोपालसिंह नेपाली तथा जनार्दन झा विशेष उल्लेखनीय हैं।

प्रगतिवाद (1936-1942 ई.)

सन् 1936 तक आते-आते छायावादी युग धारा क्षीण हो गयी और नयी प्रवृत्तियों का उन्मेष होने लगा। इनमें प्रमुख काव्य प्रवृत्ति 'प्रगतिवाद' के नाम से अभिहित की

गयी। छायावादी काव्य में कल्पना की जो ऊँची उड़ान थी, समसामयिक समस्याओं से पलायन की भी जो प्रवृत्ति थी उसका विरोध होने लगा। अत: वास्तविकता तथा यथार्थ चित्रण पर बल दिया जाने लगा।

सन् 1936 में 'भारतीय प्रगतिशील लेखक संघ' की स्थापना हुई और उसी समय इसका प्रथम अधिवेशन लखनऊ में प्रेमचन्द की अध्यक्षता में हुआ जिसमें पन्त, यशपाल, सज्जाद जहीर आदि अनेक प्रभावशाली लेखकों ने भाग लिया। यहीं से हिन्दी में प्रगतिवाद का आरम्भ माना जाना चाहिए। इस अधिवेशन में अध्यक्ष पद से प्रेमचन्द ने कहा था–"हम साहित्य को केवल मनोरंजन और विलासिता की वस्तु नहीं समझते। हमारी कसौटी पर केवल वही साहित्य खरा उतरेगा जिसमें उच्च चिन्तन हो, स्वाधीनता का भाव हो, सौन्दर्य का सार हो, सृजन की आत्मा हो, जीवन की सच्चाइयों का प्रभाव हो, जो हममें गति, संघर्ष और बेचैनी पैदा करे, सुलाये नहीं क्योंकि अब और ज़्यादा सोना मृत्यु का लक्षण है।" इसका दूसरा अधिवेशन सन् 1938 में कलकत्ता में और तीसरा दिल्ली में सन् 1942 में हुआ। इसके बाद और भी दो-तीन अधिवेशन हुए। इन अधिवेशनों में देश की राजनीतिक, सामाजिक, आर्थिक स्थितियों पर विचार हुए और लेखकों को तत्कालीन समस्याओं के सन्दर्भ में सृजन की प्रेरणा दी गयी।

छायावादोत्तरकालीन अन्य प्रवृत्तियाँ

देश में विद्यमान आर्थिक वैषम्य और सामाजिक विसंगतियों को दूर करने के लिए भी क्रान्तिकारी क़दम उठाये जाने की बात की जाने लगी। साहित्य में भी यह नया स्वर सुनाई पड़ने लगा। इस दृष्टि से 'दिनकर' सबसे आगे रहे। इनके अतिरिक्त नयी पीढ़ी के अनेक कवियों ने ओजस्वी भाषा में सामाजिक, राजनीतिक परिवर्तन की बात प्रारम्भ कर दी। दिनकर ने 'कुरुक्षेत्र' में महाभारत के प्रसंग के माध्यम से आधुनिक मानव की पीड़ा और यातना को प्रस्तुत किया। इसी प्रकार सियारामशरण गुप्त के 'नकुल', सोहनलाल द्विवेदी के 'कुणाल', श्यामनारायण पाण्डेय के 'हल्दी घाटी' और गुरुभक्त सिंह की 'नूरजहाँ' आदि कृतियों में अतीत के गौरवशाली चित्र खींचे गये और उन्हें सामयिक सन्दर्भों से जोड़ा गया। बच्चन, अंचल तथा नरेन्द्र शर्मा ने प्रेम और सौन्दर्य सम्बन्धी अपनी भावनाओं को निस्संकोच व्यक्त किया है।

प्रयोगवाद और नयी कविता (सन् 1943...)

सामान्यतः 'प्रयोग' शब्द का तात्पर्य है–नयी वस्तु के अन्वेषण की प्रक्रिया। विज्ञान में नये-नये प्रयोग होते ही रहते हैं। साहित्य के क्षेत्र में भी भाषा, शिल्प और वस्तु को

लेकर अनेक प्रयोग हुए हैं। किन्तु 'वाद' के रूप में 'प्रयोग' शब्द का प्रचलन सन् 1943 ई. में अज्ञेय द्वारा सम्पादित 'तार सप्तक' से माना जाता है।

हिन्दी के प्रयोगवाद का आरम्भ उस समय हुआ जब छायावादी काव्य परम्परा लगभग समाप्त हो रही थी और प्रगतिवाद का भी प्रभाव कम होने लगा था। प्रगतिवादी साहित्य में निम्नवर्ग के जनजीवन के चित्रण को प्रधानता दी गयी थी, जबकि प्रयोगवादी कविता में मध्यवर्गीय समाज के चित्रण को प्रमुखता दी गयी। यद्यपि कई प्रयोगवादी कवि प्रगतिवादी आन्दोलन से भी जुड़े हुए थे। इन कवियों ने समाज के व्यापक जीवन को अपने काव्य का विषय न बनाकर अपने भोगे हुए जीवन को सच्चाई से व्यक्त करने का प्रयत्न किया।

प्रयोगवादी कवियों ने देश और समाज की महत्त्वपूर्ण घटनाओं को अपने काव्य का विषय नहीं बनाया और न विशाल प्रबन्ध काव्य ही लिखने का प्रयत्न किया। इन लोगों ने व्यक्ति मानव या लघु मानव को ही महत्त्व दिया। उसी के सुख-दुःख, राग-विराग को अंकित किया। इस प्रकार इन्होंने कविता को एक नयी दिशा दी। इनका यह भी दावा है कि ये लोग सत्य के अन्वेषण के लिए सतत प्रयत्नशील रहे हैं। सत्यान्वेषण में त्रुटि हो सकती है किन्तु इससे निराश नहीं होना चाहिए। पुनः अन्वेषण करना चाहिए, यही प्रयोग है। इस दृष्टि से इन कवियों ने नये काव्य सिद्धान्तों के निर्माण का भी प्रयास किया। इन कवियों ने भाषा को सत्यान्वेषण का सबल माध्यम माना। इस प्रकार वस्तु और शिल्प दोनों क्षेत्रों में प्रयोग किया।

प्रयोगवादी रचनाओं में दुरूहता, अस्पष्टता और समाज निरपेक्षता के ही कारण यह कभी लोकप्रिय न हो सकी। वस्तुतः सामान्य जन इससे आनन्द भी लेता? वे उसकी समझ से परे रहीं। एक सीमित वर्ग में ही उसका प्रचार-प्रसार हो सका। वे ही आपस में एक-दूसरे की निन्दा या प्रशंसा करते रहे। यहाँ तक कि प्रबुद्ध आलोचकों ने भी इसका समर्थन नहीं किया।

नयी कविता

जैसा कि पहले कहा जा चुका है कि सन् 1951 में दूसरे सप्तक के प्रकाशित होने के बाद ही कतिपय प्रयोगवादी अज्ञेय के नेतृत्व से अपने को अलग करने का प्रयत्न करने लगे थे और अपने को प्रयोगवादी कहलाने में भी संकोच का अनुभव करते थे। ऐसे कवियों ने अपनी रचनाओं को 'नयी कविता' कहना प्रारम्भ किया। सन् 1954 में डॉ. जगदीश गुप्त के सम्पादन में 'नयी कविता' नाम से पत्रिका के रूप में एक

काव्य-संकलन भी निकला। बाद में ऐसे और भी संकलन प्रकाशित हुए। इस समय से ही प्रयोगवाद और नयी कविता के सम्बन्धों को लेकर कई प्रकार के विचार सामने आये। कुछ लोगों ने प्रयोगवाद और नयी कविता को एक ही प्रवृत्ति की रचना माना। कुछ लोगों ने प्रयोगवाद को किंचित् परिमार्जित रूप बताया और कुछ लोगों ने नयी कविता को स्वतन्त्र एवं नवीन काव्य प्रवृत्ति घोषित किया। यद्यपि यह सत्य है कि काव्य में इस नवीन आन्दोलन की प्रेरणा अंग्रेज़ी के 'न्यू पोइट्री' नामक आन्दोलन से मिली थी। नयी कविता उसी का भाषान्तर है भी किन्तु यह निर्णय कर पाना बहुत कठिन है कि प्रयोगवाद और नयी कविता किस सीमा तक एक-दूसरे से जुड़े हुए हैं और कहाँ पहुँचकर एक-दूसरे से अलग हो जाते हैं। हिन्दी में अनेक कवि ऐसे रहे हैं जो प्रयोगवादी आन्दोलन से जुड़े हुए हैं और जो नयी कविता के भी प्रमुख कवि हैं। वस्तुतः कुछ तत्त्व ऐसे हैं जो दोनों प्रकार की रचनाओं में पाये जाते है। फिर भी नयी कविता के शिल्प-विधान और कथ्य में कतिपय विलक्षणताएँ भी पायी जाती हैं।

नयी कविता में लघु मानव की चर्चा बहुत मिलती है। यहाँ लघु मानव का तात्पर्य क्षुद्र मनुष्य नहीं है। इसका तात्पर्य है वह सामान्य मानव जो अब तक उपेक्षित था। नयी कविता में उसकी व्यथा को उद्घाटित किया गया है। लोक जीवन से तादात्म्य स्थापित करना नयी कविता की मुख्य विशेषता है। प्रयोगवादी रचनाओं में लोक जीवन की वह अभिव्यक्ति नहीं मिलती जो नयी कविता का केन्द्रबिन्दु है। इन कवियों ने अपने बिम्बों, प्रतीकों और शब्दों को भी लोक जीवन से ही ग्रहण किया है। इस प्रकार कथ्य और शिल्प दोनों दृष्टियों से ये कवि प्रयोगवादियों की अपेक्षा लोक जीवन के अधिक निकट हैं। इसीलिए कुछ कविताओं में मिट्टी की सोंधी गन्ध मिलती है, ग्रामीण बिम्बों के साथ ही इन कवियों ने नगरीय बिम्बों को भी अपनाया जो नये सन्दर्भों से जुड़े होने के कारण उनमें नये अर्थ की गरिमा भी भास्वर है। 'अन्धा युग', 'कनुप्रिया' आदि रचनाओं में उसके प्रभाव खोजे जा सकते हैं।

नयी कविता में अनुभूति की गहराई मिलती है। यद्यपि सभी कवियों की अनुभूति अथवा संवेदना एक ही प्रकार की नहीं है। किसी के संवेदन पक्ष में गहराई और व्यापकता है तो किसी में उसका अभाव। किसी की कविता अधिक व्यक्तिगत हो गयी है तो अन्य कई कविता में सामाजिकता का अंश अधिक विद्यमान है। यदि किसी रचना में निराशा और कुण्ठा प्रबल रूप से उभरी है तो अन्य में आस्था का स्वर दृढ़ता से मुखरित हुआ है। कहने का तात्पर्य यह है कि नयी कविता में जीवन

के नये सन्दर्भों को नये बिम्बों, प्रतीकों और नूतन अर्थ गरिमा के साथ प्रस्तुत किया गया है।

जैसा कि संकेत किया जा चुका है अनेक कवि प्रयोगवाद और नयी कविता इन दोनों धाराओं से जुड़े हुए हैं। एक ही कवि की कौन-सी रचना प्रयोगवादी है और किसे नयी कविता माना जाय, यह निर्णय अत्यन्त दुष्कर है। इन कवियों में अज्ञेय, गिरिजा कुमार माथुर, गजानन माधव मुक्तिबोध, प्रभाकर माचवे, शमशेर बहादुर सिंह, भवानीप्रसाद मिश्र, नरेश मेहता, धर्मवीर भारती, हरिनारायण व्यास, रघुवीर सहाय, केदारनाथ सिंह, कुँवर नारायण, सर्वेश्वर दयाल सक्सेना, वीरेन्द्रकुमार जैन, दुष्यन्त कुमार आदि कवियों का नाम गिनाया जा सकता है।

सन् 1960 के बाद कविता का स्वरूप

सन् 1960 के बाद हिन्दी कविता में किसी ख़ास प्रवृत्ति के उभरने अथवा विकसित होने के लक्षण नहीं दिखाई पड़ते। कुछ कवि पुरानी प्रवृत्तियों–प्रगतिवाद, प्रयोगवाद, नयी कविता, परम्परावादी कविता आदि के आधार पर काव्य सर्जना करते रहे हैं और कुछ कवि भाषा, छन्द, बिम्ब, प्रतीक आदि के रूप में नये-नये प्रयोग करते रहे। वस्तुतः सामाजिक, आर्थिक एवं राजनीतिक परिस्थितियों का प्रभाव साहित्य पर निश्चित रूप से पड़ता है। स्वतन्त्रता की प्राप्ति से देशवासियों, विशेष रूप से नवयुवकों को बड़ी-बड़ी आशाएँ थीं। वे समझते थे कि अब हर प्रकार की विघ्न-बाधाओं से मुक्त होकर देश प्रगति पथ पर अग्रसर होगा लेकिन दो दशक बीत जाने पर नागरिकों का मोहभंग हुआ। लोगों ने देखा कि पूँजीवाद के चंगुल में फँसा लोकतन्त्र केवल धनी-सम्पन्न व्यक्तियों की संवृद्धि का ही साधन बन गया है। सामान्य जनता को कोई लाभ नहीं पहुँच रहा है। निरन्तर बढ़ती हुई बेकारी और मूल्य वृद्धि ने समाज को झकझोर दिया है। आज का युवक दिग्भ्रान्त है। उसे अपना भविष्य अन्धकारमय दिखाई पड़ता है। नेताओं की स्वार्थपरता और अधिकारियों की निरंकुशता से देश रसातल को जा रहा है। इसके साथ ही पाश्चात्य सभ्यता का भी दूषित प्रभाव पड़ा है। पुरानी मान्यताएँ, परम्पराएँ और मूल्य समाप्त हो रहे हैं। इन सारी परिस्थितियों का प्रभाव कविता पर भी पड़ा है। इसीलिए किसी स्वस्थ कल्याणकारी काव्य प्रवृत्ति का उद्रेक नहीं हो पा रहा है।

इस अवधि में कुछ प्रबन्ध काव्य भी लिखे गये। नवगीत के नाम से एक अलग आन्दोलन भी चला। इसके अतिरिक्त नये-नये चौंकाने वाले शीर्षकों के नारे सुनाई पड़े। सम्भवतः विश्व की किसी भी भाषा में इतनी कम अवधि में इतने अधिक काव्यान्दोलन नहीं हुए। नयी कविता के बाद अकविता, अस्वीकृत कविता, अपरम्परावादी कविता, युयुत्सावादी कविता, अभिनव कविता, ऐंटी कविता, एब्सर्ड कविता, बीटनिक कविता, ठोस कविता, कबीरपन्थी कविता, ताज़ी कविता, प्रतिबद्ध कविता आदि न जाने कितने शीर्षकों से कविता लिखी जा रही है। इनके अतिरिक्त और भी न जाने कितने नारे दिये गये होंगे। लेकिन उनकी खोजबीन कौन करे? इनमें से कुछ नारे समाप्त हो चुके हैं, कुछ मरणासन्न हैं और कुछ नारे छोटी-मोटी पत्रिकाओं में दिखाई पड़ जाते हैं।

नवगीत

गीत एक प्रभावशाली विधा है। यह वैयक्तिक सुख-दुःख, राग-विराग की अभिव्यक्ति का सर्वाधिक सशक्त माध्यम है। इसीलिए गीत प्रायः व्यक्ति-प्रधान होता है। उसमें कोई लम्बा कथानक नहीं होता है। इसमें भावों की प्रधानता और तरलता होती है। इसीलिए गीत-रचना की लम्बी परम्परा मिलती है।

पिछले दो दशकों में गीतों की परम्परा को 'नवगीत' नाम से बढ़ाया गया है। इन गीतों में कुछ में लोकगीतों की शैली अपनायी गयी, गाँव के कुछ शब्दों, मुहावरों आदि को लिखा गया, गाँव के साथ शहरी जीवन के प्रेमपरक सन्दर्भों को चुना गया और इस प्रकार उन्हें 'नवगीत' संज्ञा दी गयी। इन नवगीतकारों में कुछ कवि ऐसे हैं जो नयी कविता से जुड़े रहे हैं और कुछ ऐसे हैं जो नयी कविता की टेकनीक से अनभिज्ञ होने के कारण गीतकार बन गये हैं। इन गीतों का संवेदना पक्ष प्रभावशाली है ही, इनमें नये बिम्बों और प्रतीकों का भी प्रयोग मिलता है।

नयी काव्य प्रवृत्तियों के कवि

जैसा कि उल्लेख किया जा चुका है सन् 1960 के बाद हिन्दी कविता में कई प्रकार के आन्दोलन दिखाई पड़े हैं। युयुत्सावादी कविता के प्रवर्तक शलभ श्री रामसिंह माने जाते हैं।

अकवितावादी आन्दोलन के प्रवर्तकों में डॉ. जगदीश चतुर्वेदी, श्याम परमार,

सौमित्र मोहन आदि के नाम गिनाये जा सकते हैं। सन् 1965 में 'अकविता' नामक एक पत्रिका भी प्रकाशित हुई थी।

कुछ वर्ष पहले अमेरिका में वीटनिक आन्दोलन चला था जिसके अगुआ गिन्सबर्ग थे। इनसे प्रभावित होकर प्रभाकर माचवे, राजकमल चौधरी आदि ने हिन्दी में वीटनिक कविता लिखना शुरू कर दिया। 'कृति' और 'अभिव्यक्ति' नामक पत्रिकाओं में इसी ढंग की कविताएँ छपती रही हैं।

लक्ष्मीकान्त वर्मा 'ताज़ी कविता' के प्रवर्तक माने जाते हैं। उनके विचार से नयी कविता का आन्दोलन पुराना पड़ चुका है। इसलिए उन्होंने एक नये नाम से चौंकाने का प्रयास किया। किन्तु यह आन्दोलन अधिक दिनों तक न चल सका।

परमानन्द श्रीवास्तव प्रतिबद्ध कविता के जनक माने जाते हैं। यह पूँजीवादी व्यवस्था से संघर्ष के समर्थक हैं। इसी प्रकार रवीन्द्र भ्रमर 'सहज कविता' से सम्बद्ध हैं। इनके अतिरिक्त रामदरश मिश्र, डॉ. श्याम परमार आदि के नाम भी इस आन्दोलन से जुड़े हुए हैं। इसी प्रकार पिछले वर्षों में ऊपर गिनाये गये अनेक काव्यान्दोलन अस्तित्व में आये। इनमें से कुछ काल के गाल में समा गये। कुछ का नाम यदाकदा सुनाई पड़ जाता है। लेकिन ऐसा कोई काव्यान्दोलन नहीं है जिसने समाज को गहराई से प्रभावित किया हो। वस्तुतः आज का कवि दिग्भ्रान्त दिखलाई पड़ता है। कविता समाज से कट गयी है। कविता और जीवन का सम्बन्ध जोड़ने के लिए नयी दिशा की खोज आवश्यक है।

अद्यतन हिन्दी कविता (1975 से अब तक)

सन् 1975 से 1980 का दौर कविता के प्रकाशन की दृष्टि से बहुत समृद्ध कहा जा सकता है। इस दौर में नयी कविता तथा उसके पहले के दौर के कवियों के भी संग्रह निकले, 1960 के बाद के कवियों के भी और कुछ नये कवियों के भी संग्रह आये। इनमें कुछ प्रतिष्ठित नये-पुराने कवि हैं–अज्ञेय, मुक्तिबोध, नागार्जुन, शमशेर, त्रिलोचन, केदारनाथ अग्रवाल, भवानीप्रसाद मिश्र, गिरिजाकुमार माथुर कुँवर नारायण, केदारनाथ सिंह, लीलाधर जगूड़ी, धूमिल, उदय प्रकाश, चन्द्रकान्त देवताले, मंगलेश डबराल आदि।

1975 के बाद आने वाली कविताएँ नयी कविता और अकविता से अलग हटकर सामाजिक सरोकारों से जुड़ी हैं। इन्हें प्रगतिशील स्वर की कविताएँ कह सकते हैं। इनका संसार आम आदमी के सुख-दुख और यथास्थिति के विपरीत मूल्यों

की अकुलाहट से बना है। इसमें अभिव्यक्ति की सादगी भी है और काव्यात्मक सांकेतिकता भी।

विचार कविता का आन्दोलन इसी दौर की देन है। वास्तव में वह आन्दोलन के रूप में नहीं एक पहचान के रूप में उठा था। डॉ. नरेन्द्र मोहन ने 'संचेतना' का विचार-कविता अंक निकाला।

उसमें कई निबन्ध और कविताएँ थीं। कौन-सा कवि विचार कविता के दायरे में आना है, कौन नहीं इसकी स्पष्ट पहचान करना कठिन है। विचार कविता की सार्थकता इसी में है कि उसने समकालीन कविता में विचार के बढ़ते हुए दबाव को रेखांकित किया।

1980 के बाद भी महादेवी वर्मा का एक संग्रह 'अग्निरेखा' (1990), निराला की 'असंकलित कविताएँ' (1981), माखनलाल चतुर्वेदी का संग्रह 'धूम्रवलय' (1981) निकले। वैसे ही नागार्जुन, केदारनाथ सिंह, त्रिलोचन की कविताएँ भी निकलीं।

इस कालावधि में प्रयोगवाद और नयी कविता के अज्ञेय, गिरिजाकुमार माथुर, भवानीप्रसाद मिश्र, नरेश मेहता, धर्मवीर भारती के भी काव्य-संग्रह प्रकाशित हुए। 1975 के दौर के प्राय: सभी कवि 1980 के बाद भी लिखते रहे। अशोक वाजपेयी, लीलाधर जगूड़ी, उदय प्रकाश, नरेन्द्र मोहन, मंगलेश डबराल, महेन्द्र भटनागर, बलदेव वंशी आदि उल्लेखनीय हैं।

कथा-साहित्य के समान कविता के क्षेत्र में भी कई कवयित्रियाँ इस दौर में अपनी सक्रियता का परिचय देने लगीं। इन्दु जैन, सुनीता जैन, कमल कुमार, कुसुम अंसल, अनामिका, कात्यायनी और अजंता देव विशेष रूप से उल्लेखनीय हैं।

1980 के बाद सक्रिय रूप से कविता करनेवालों में अरुण कमल, आलोक धन्वा, मदन कश्यप, निलय उपाध्याय, ज्ञानेन्द्रपति, राजेश जोशी, कुमार अंबुज, बोधिसत्व, हेमन्त कुकरेती, वीरेन डंगवाल, स्वप्निल श्रीवास्तव इत्यादि को उल्लेखनीय माना जा सकता है।

1980 के बाद हिन्दी कविता के क्षेत्र में कोई आन्दोलन नहीं चला। कवि उत्तरपूँजीवादी व्यवस्था में आम आदमी की दुर्दशा, पीड़ा, भावना और विवशता का चित्रण करते हैं। सभी महत्त्वपूर्ण रचनाकार जनसाधारण के पक्षधर और सत्ता के विरोधी हो गये हैं। वास्तव में राजनीति की तरह साहित्य में भी जनतन्त्रीकरण हुआ है और आम आदमी की तरह आम अनुभव ही महत्त्वपूर्ण और निर्णायक बन गया है।

मैथिलीशरण गुप्त

राष्ट्रकवि मैथिलीशरण गुप्त का जन्म उत्तर प्रदेश के झाँसी ज़िले के चिरगाँव नामक ग्राम में 3 अगस्त 1886 में हुआ था। उनकी प्रारम्भिक शिक्षा गाँव में ही हुई, परन्तु उनकी उच्च शिक्षा पूर्ण न हो सकी। उन्होंने स्वाध्याय से हिन्दी, संस्कृत, अंग्रेज़ी और बांग्ला पर अच्छा अधिकार प्राप्त कर लिया। वे रसिकेन्द्र और कनकलता नाम से भी रचनाएँ लिखा करते थे।

मैथिलीशरण गुप्त का लेखन खड़ी बोली का ही नहीं, पूरे भारतीय साहित्य की एक गौरवपूर्ण उपलब्धि है। आचार्य महावीर प्रसाद द्विवेदी ने उनकी प्रारम्भिक रचनाओं को 'सरस्वती' पत्रिका में प्रकाशित किया। सन् 1909 में प्रकाशित 'रंग में भंग' उनका प्रथम काव्य-संग्रह है। वे राष्ट्रीय व सांस्कृतिक चेतना, धार्मिक सद्भावना, प्रकृति-प्रेम, मानवीय मूल्यों, ऐतिहासिक स्थितियों पर चिन्तन और दार्शनिकता आदि से पूर्ण व्यक्ति और कवि थे। उन्होंने अपने समय को ही नहीं, बल्कि इतिहास को भी केन्द्र में रखकर जो रचनाएँ लिखीं, वे आज अमर कृतियों के रूप में हैं। गुप्त जी प्रकाण्ड विद्वान ही नहीं, स्वतन्त्रता-संग्राम के सेनानी भी थे। उनकी श्रेष्ठ रचना 'भारत-भारती' स्वतन्त्रता-संग्राम में बहुत ही असरकारी साबित हुई जिससे प्रभावित होकर महात्मा गांधी ने उन्हें 'राष्ट्रकवि' कहकर सम्बोधित किया था।

उनकी प्रमुख कृतियाँ हैं : **कविता :** 'रंग में भंग', 'जयद्रथ-वध', 'भारत-भारती', 'किसान', 'वैतालिक', 'पत्रावली', 'शकुन्तला', 'लीला', 'पंचवटी', 'आर्य', 'स्वदेश संगीत', 'हिन्दू', 'त्रिपथगा', 'शक्ति', 'गुरुकुल', 'झंकार', 'साकेत', 'यशोधरा', 'उच्छ्वास', 'प्रदक्षिणा', 'पृथ्वी-पुत्र', 'हिडिम्बा', 'जय भारत', 'भूमि-प्रजा', 'राजा-प्रजा', 'विष्णुप्रिया', 'रत्नावली'; गीतिनाट्य: 'तिलोत्तमा', 'चन्द्रहास', 'अनघ'; **पद्यानुवाद :** 'प्रतिमा', 'अविमारक', 'अभिषेक', 'दूत घटोत्कच', 'स्वप्न वासवदत्ता', 'विरहिणी ब्रजांगना', 'मेघनाद-वध', 'वीरांगना', 'प्लासी का युद्ध', 'रूबाइयत उमर खैयाम'; **संस्मरणात्मक गद्य :** 'मुंशी अजमेरी', 'श्रद्धांजलि संस्मरण'।

उन्हें सन् 1936 में 'साकेत' महाकाव्य पर 'मंगलाप्रसाद पारितोषिक' प्राप्त हुआ। 'पद्म विभूषण र नान' से भी सम्मानित किये गये। वे भारतीय संसद के सम्मानित सदस्य भी रहे

मैथिलीशरण गुप्त का निधन 12 दिसम्बर 1964 को हुआ।

सखि, वे मुझसे कहकर जाते

इस कविता में मूल भाव यह है कि गौतम बुद्ध सिद्धि की खोज में अपनी पत्नी यशोधरा को रात में बिना बताये जो सोये हुए छोड़कर चले गये, उससे उनका हृदय बहुत आहत हुआ कि इसकी क्या ज़रूरत थी, समाज-कल्याण के लिए सारे वैभव सहित गृह-त्याग करना ही था तो कहकर जाते, वह बाधा कभी नहीं बनतीं बल्कि उन्हें एक क्षत्राणी का धर्म निभाते ख़ुद सुसज्जित कर के भेजतीं; लेकिन ऐसा नहीं हुआ। और यही न होना यशोधरा के भीतर ऐसी कचोट पैदा कर अथाह पीड़ा को जन्म देता है, जो उन्हें विरहिणी बना देता है। यह कविता अप्रत्यक्ष रूप से यह भी बताती है कि एक पुरुष के लिए गृह-त्याग जिस तरह आसान है, उस तरह स्त्री के लिए नहीं। यह भी कि एक विवाहित पुरुष जब अपनी समर्पित पत्नी का बिना बताये गृह-त्याग करता है तो उसकी पीड़ा का कोई छोर नहीं होता, वह भी जब एक बच्चे की माँ हो। गुप्त जी ने करुणा को जिस संघनित रूप में रचा है इस कविता में, वह अप्रतिम है, दुर्लभ है।

सखि, वे मुझसे कहकर जाते

सिद्धि हेतु स्वामी गये, यह गौरव की बात;
पर चोरी-चोरी गये, यही बड़ा व्याघात।
सखि, वे मुझसे कहकर जाते,
कह, तो क्या मुझको वे अपनी पथ-बाधा ही पाते?

मुझको बहुत उन्होंने माना,
फिर भी क्या पूरा पहचाना?
मैंने मुख्य उसी को जाना,
जो वे मन में लाते।
सखि, वे मुझसे कहकर जाते।

स्वयं सुसज्जित करके क्षण में
प्रियतम को प्राणों के पण में,
हमीं भेज देती हैं रण में–
क्षात्र धर्म के नाते।
सखि, वे मुझसे कहकर जाते।

हुआ न यह भी भाग्य अभागा,
किस पर विफल गर्व अब जागा?
जिसने अपनाया था, त्यागा;
रहे स्मरण ही आते।
सखि, वे मुझसे कहकर जाते।

नयन उन्हें हैं निष्ठुर कहते,
पर इनसे जो आँसू बहते,
सदय हृदय वे कैसे सहते?
गये तरस ही खाते।
सखि, वे मुझसे कहकर जाते।

जायें, सिद्धि पावें वे सुख से,
दुखी न हों इस जन के दुख से,
उपालम्भ दूँ मैं किस मुख से–
आज अधिक वे भाते।
सखि, वे मुझसे कहकर जाते।

गये, लौट भी वे आवेंगे,
कुछ अपूर्व अनुपम लावेंगे,
रोते प्राण उन्हें पावेंगे?
पर क्या गाते-गाते?
सखि, वे मुझसे कहकर जाते।

जयशंकर प्रसाद

जयशंकर प्रसाद का जन्म 30 जनवरी 1890 को वाराणसी, उत्तर प्रदेश में हुआ। उनकी स्कूली शिक्षा मात्र आठवीं कक्षा तक ही हो पायी। इसके बाद घर पर ही संस्कृत, अंग्रेज़ी, पालि और प्राकृत भाषाओं का अध्ययन किया। उन्होंने भारतीय इतिहास, संस्कृति, दर्शन, साहित्य और पुराण-कथाओं का एकनिष्ठ स्वाध्याय भी किया। पिता देवीप्रसाद तम्बाकू और सुँघनी का व्यवसाय करते थे और वाराणसी में इनका परिवार 'सुँघनी साहू' के नाम से प्रसिद्ध था।

जयशंकर प्रसाद एक युगप्रवर्तक लेखक थे। छायावादी कवियों में एक प्रमुख स्तम्भ के रूप में प्रसिद्ध रहे हैं। उन्होंने अपनी काव्य-रचनाओं की शुरुआत ब्रजभाषा में की थी। खड़ी बोली को भी अपनाया, जिससे उनके काव्य में कमनीय माधुर्य की रससिद्ध धारा प्रवाहित तो हुई ही, अपने युग के जीवन, समाज, संस्कृति और तन्त्र का चित्रण भी व्यापक आयामों में हुआ। उनकी रचनाओं की भावनात्मक, विचारात्मक, इतिवृत्तात्मक और चित्रात्मक भाषा-शैली एक विशेष आकर्षण का केन्द्र है।

उनकी प्रमुख कृतियाँ हैं : **कविता :** 'प्रेमपथिक', 'झरना', 'कानन कुसुम', 'आँसू', 'लहर', 'कामायनी'; **कहानी :** 'छाया', 'प्रतिध्वनि', 'आकाशदीप', 'आँधी', 'इन्द्रजाल'; **उपन्यास :** 'कंकाल', 'तितली', 'इरावती'; **नाटक :** 'प्रायश्चित्त', 'स्कन्दगुप्त', 'अजातशत्रु', 'एक घूँट', 'चन्द्रगुप्त', 'ध्रुवस्वामिनी', 'जनमेजय का नागयज्ञ', 'राज्यश्री'।

जयशंकर प्रसाद का निधन 14 जनवरी 1937 को वाराणसी में हुआ।

हिमाद्रि तुंग शृंग से

यह रचना प्रसाद जी के ऐतिहासिक प्रसंग वाले नाटक 'चन्द्रगुप्त' से ली गयी है। नाटक में यवनों से देश की रक्षा के लिए युद्ध छिड़ा हुआ है। भारतीयों में अपने

राष्ट्र के प्रति कर्तव्य का भाव जगाने के लिए नायिका अलका इस गीत को समूह में गाती है। प्रसाद जी का नाटक में इस प्रयाण गीत के ज़रिये मुख्य उद्देश्य यह है कि आज एक बार फिर हमारा देश परतन्त्रता की ज़ंजीरों में जकड़ा हुआ है, दुश्मन अंग्रेज़ी शासन है, जिससे हम लड़कर ही मुक्त हो सकते हैं, क्योंकि यह वीरों का देश है और यह काम हमने पहले भी कर दिखाया है। इसलिए माँ भारती की पुकार सुनें और स्वतन्त्रता के लिए संग्राम की राह बढ़ चलें।

हिमाद्रि तुंग शृंग से

हिमाद्रि तुंग शृंग से
प्रबुद्ध शुद्ध भारती–
स्वयं प्रभा समुज्ज्वला–
स्वतन्त्रता पुकारती
"अमर्त्य वीर पुत्र हो, दृढ़-प्रतिज्ञ सोच लो,
प्रशस्त पुण्य पन्थ है–बढ़े चलो, बढ़े चलो!"

असंख्य कीर्ति-रश्मियाँ
विकीर्ण दिव्य दाह-सी
सपूत मातृभूमि के–
रुको न शूर साहसी!
अराति सैन्य सिन्धु में–सुवाडवाग्नि से जलो,
प्रवीर हो जयी बनो–बढ़े चलो, बढ़े चलो!

सूर्यकान्त त्रिपाठी 'निराला'

निराला का जन्म वसन्त पंचमी, 1896 को बंगाल के मेदिनीपुर ज़िले के महिषादल नामक देशी राज्य में हुआ था। निवास उत्तर प्रदेश के उन्नाव ज़िले के गढ़ा कोला गाँव में था। उनकी हाईस्कूल तक ही शिक्षा हो पायी। उन्होंने स्वाध्याय से हिन्दी, बांग्ला, अंग्रेज़ी और संस्कृत भाषा का ज्ञान हासिल किया। उन्होंने 1922-23 ई. में 'समन्वय' (कोलकाता) का सम्पादन किया। सन् 1923 के अगस्त से 'मतवाला' मण्डल में रहे। लखनऊ से निकलने वाली मासिक पत्रिका 'सुधा' से 1935 के मध्य तक सम्बद्ध रहे। फिर उन्होंने 1942-43 ई. से इलाहाबाद में रहकर मृत्यु-पर्यन्त स्वतन्त्र लेखन और अनुवाद-कार्य किया।

'मनुष्यों की तरह कविता की भी मुक्ति होती है' कहने वाले निराला की कविताओं में प्रगतिशील चेतना, राष्ट्रीयता का स्वर, परतन्त्रता को लेकर आक्रोश, जाति-धर्म-वर्ग के आधार पर उन्माद-अन्याय-असमानता देख पीड़ा और विद्रोह से भर जाने जैसे अनेक उपादान रचनाओं के केन्द्र में मुख्य रूप से रहे हैं। वे ऐसी परम्पराओं, प्रथाओं और रूढ़ियों के पक्षधर कभी नहीं रहे, जो स्त्रियों को उनमुक्त न रख सके, वे ऐसी हर उस व्यवस्था के ख़िलाफ़ थे जो पाखण्ड और ढोंग रच अपने स्वार्थ के लिए मनुष्यों में भेदभाव करती है, उनको शोषण की श्रेणियों में क़ैद रखती है। यही कारण कि वे अपने युग के लेखकों में सबसे अधिक प्रासंगिक रहने वाले रचनाकारों में अगली पंक्ति में हैं। प्रकृति-प्रेम हो या सौन्दर्य और करुणा या श्रम की महत्ता का बोध निराला के पास काल्पनिक नहीं यथार्थवादी हैं। मिथक और इतिहास से जुड़ी उनकी कृतियाँ भी उद्देश्य में उनके लेखन-युग का ही आख्यान बनती हैं। यह निराला ही हैं जो आज भी एक जनधर्मी लेखक के रूप में अपनी विभिन्न विधाओं की रचनाओं के ज़रिये अँधेरे में मशाल लिये साथ खड़े दिखते हैं।

उनकी प्रमुख कृतियाँ हैं : **कविता :** 'अनामिका', 'आराधना', 'गीतिका', 'अपरा', 'परिमल', 'गीतगुंज', 'तुलसीदास', 'कुकुरमुत्ता', 'बेला', 'अर्चना', 'नये पत्ते', 'अणिमा', 'रागविराग', 'सांध्य काकली'; **उपन्यास :** 'बिल्लेसुर बकरिहा',

'अप्सरा', 'अलका', 'कुल्लीभाट', 'प्रभावती', 'निरुपमा', 'चोटी की पकड़', 'भक्त ध्रुव', 'भक्त प्रहलाद', 'महाराणा प्रताप', 'भीष्म पितामह', 'चमेली', 'काले कारनामे'; **कहानी :** 'सुकुल की बीवी', 'लिली', 'चतुरी चमार', 'महाभारत'; **निबन्ध :** 'प्रबन्ध प्रतिमा', 'प्रबन्ध पद्म', 'चयन', 'चाबुक'।

निराला का निधन 15 अक्टूबर 1961 को हुआ।

भिक्षुक

भिक्षुक पर लिखी गयी निराला की यह एक बेहद मार्मिक कविता है। भिक्षुक की दयनीय दशा देख कवि को ऐसा प्रतीत होता है, मानो हृदय के दो टुकड़े हो जायेंगे। क्योंकि भूख के कारण उसके पेट और पीठ मिलकर एक हो गये हैं। वह चल भी पा रहा जो लाठी के सहारे। स्थिति तो और दयनीय बन जाती है जब उसके साथ इसी दशा में एक हाथ से पेट मलते, एक हाथ भीख को फैलाये दो बच्चे भी हैं। लेकिन कैसी विसंगति कि ऐसी दशा देखकर भी कोई उन्हें कुछ नहीं देता, वे जूठे पत्तल चाटने को गजबूर हो जाते हैं, और यहाँ भी स्थिति ऐसी कि कुत्ते उन पर झपटने को तैयार। असल में इस कविता में निराला उस वर्गीय चरित्र को सामने रखते हैं, जिसकी मनुष्यता मर चुकी है, उसे अपने सिवाय और किसी का दुख नहीं दिखता। इसलिए वे अपने हृदय के अमृत से सींच उन्हें अभिमन्यु बना देना चाहते हैं, ताकि वे ऐसी अमानवीयता के ख़िलाफ़ लड़ सकें, पा सकें एक दिन अपना हक़।

भिक्षुक

वह आता–
दो टूक कलेजे को करता, पछताता
पथ पर आता।

पेट पीठ दोनों मिलकर हैं एक,
चल रहा लकुटिया टेक,
मुट्ठी भर दाने को-भूख मिटाने को
मुँह फटी पुरानी झोली का फैलाता–
दो टूक कलेजे के करता पछताता पथ पर आता।

साथ दो बच्चे भी हैं सदा हाथ फैलाये,
बायें से वे मलते हुए पेट को चलते,
और दाहिना दया-दृष्टि पाने की ओर बढ़ाये।
भूख से सूख ओठ जब जाते
दाता-भाग्य विधाता से क्या पाते?
घूँट आँसुओं के पीकर रह जाते।
चाट रहे जूठी पत्तल वे सभी सड़क पर खड़े हुए,
और झपट लेने को उनसे कुत्ते भी हैं अड़े हुए!

ठहरो! अहो मेरे हृदय में है अमृत, मैं सींच दूँगा
अभिमन्यु जैसे हो सकोगे तुम
तुम्हारे दुख मैं अपने हृदय में खींच लूँगा।

कृति-पाठ : 2

सोहनलाल द्विवेदी

सोहनलाल द्विवेदी का जन्म 22 फ़रवरी 1906 में फतेहपुर, उत्तर प्रदेश के बिन्दकी गाँव में हुआ। उन्होंने हिन्दी में एम.ए. और संस्कृत का भी अध्ययन किया।

द्विवेदी जी की रचनाएँ ओजपूर्ण एवं राष्ट्रीयता की परिचायक हैं। वे महात्मा गांधी के दर्शन से प्रभावित थे, इसलिए उन्होंने उनको केन्द्र में रखकर कई भावपूर्ण रचनाएँ लिखीं। इसके अतिरिक्त उन्होंने भारत देश, ध्वज, राष्ट्रप्रेम और राष्ट्र नेताओं से जुड़े विषयों पर भी कई श्रेष्ठ रचनाओं का सृजन किया। उन्होंने कई ऐसे प्रयाण गीत भी लिखे हैं, जो प्रासयुक्त होने के कारण सामूहिक रूप से गाये जाते हैं। उत्तम कोटि की कई बालोपयोगी रचनाएँ भी लिखी हैं। द्विवेदी जी अपने समय के एक ऐसे लोकप्रिय कवि थे, जिन्हें 'राष्ट्रकवि' की उपाधि से अलंकृत किया गया। 1969 में भारत सरकार ने उन्हें 'पद्मश्री' सम्मान प्रदान कर सम्मानित किया।

उनकी प्रमुख कृतियाँ हैं : **कविता :** 'भैरवी', 'पूजागीत', 'सेवाग्राम', 'प्रभाती', 'युगाधार', 'कुणाल', 'वासवदत्ता', 'विषपान'; **बाल-कविता :** 'बाँसुरी', 'दूधबतासा', 'शिशु भारती', 'बाल भारती', 'बिगुल'।

द्विवेदी जी का निधन 1 मार्च 1988 को हुआ।

कोशिश करने वालों की हार नहीं होती

इस कविता में निहित भावार्थ यही है कि जीवन चुनौतियों का समुच्चय है। कई तरह की जो चुनौतियाँ आती हैं, वे आज़माने के लिए आती हैं। हमें धैर्य, सही सोच और साहस के साथ उनका सामना करना चाहिए। हो सकता है, इस प्रक्रिया में असफलताएँ भी मिलें, लेकिन हार मानकर पीछे नहीं हटना चाहिए, कोशिश जारी रखनी चाहिए क्योंकि जो कोशिश नहीं छोड़ते, उनकी एक न एक दिन जीत निश्चित ही होती है।

कोशिश करने वालों की हार नहीं होती

लहरों से डर कर नौका पार नहीं होती
कोशिश करने वालों की हार नहीं होती

नन्ही चींटी जब दाना लेकर चलती है
चढ़ती दीवारों पर, सौ बार फिसलती है
मन का विश्वास रगों में साहस भरता है
चढ़कर गिरना, गिरकर चढ़ना न अखरता है
आख़िर उसकी मेहनत बेकार नहीं होती
कोशिश करने वालों की हार नहीं होती

डुबकियाँ सिन्धु में गोताख़ोर लगाता है
जा-जाकर ख़ाली हाथ लौटकर आता है
मिलते नहीं सहज ही मोती गहरे पानी में
बढ़ता दुगना उत्साह इसी हैरानी में
मुट्ठी उसकी ख़ाली हर बार नहीं होती
कोशिश करने वालों की हार नहीं होती

असफलता एक चुनौती है, स्वीकार करो
क्या कमी रह गयी, देखो और सुधार करो
जब तक न सफल हो, नींद-चैन को त्यागो तुम
संघर्ष का मैदान छोड़ मत भागो तुम
कुछ किये बिना ही जय जयकार नहीं होती
कोशिश करने वालों की हार नहीं होती

सुदामा पाण्डेय 'धूमिल'

सुदामा पाण्डेय 'धूमिल' का जन्म 9 नवम्बर 1936 को वाराणसी ज़िले के खेवली गाँव में हुआ। उन्होंने हरदुआं कूर्मि क्षत्रिय इंटरमीडिएट कॉलेज से हाईस्कूल की परीक्षा पास की। 1957 में आई.टी.आई., वाराणसी से विद्युत डिप्लोमा प्राप्त किया और इसी संस्थान में अनुदेशक के रूप में कार्य किया।

धूमिल हिन्दी कविता में अपने कथ्य और विशिष्ट काव्य-भाषा के लिए एक प्रसिद्ध कवि हैं। साठोत्तरी कविता के दौर में मोहभंग से गुज़रते धूमिल ने जो कविताएँ रचीं, उनमें युवा वर्ग और समाज का वास्तविक प्रतिरोध था। उनकी कविताओं में किसान-मज़दूर व अन्य हाशिये के लोग जिस यथार्थ के साथ आते हैं, वह तन्त्र से सीधे टकराने का माद्दा रखते हैं। कविता में खरी-खरी बात कैसे व्यक्त की जाती है, यह धूमिल में देखी जा सकती है। अगर कहें कि धूमिल ने अपनी संवेदना की धार और विचार के औज़ार से हिन्दी कविता का चेहरा ही नहीं, पूरा मिज़ाज बदल दिया था, तो यह अतिशयोक्ति नहीं होगी।

मरणोपरान्त 'साहित्य अकादेमी पुरस्कार' से सम्मानित किये गये।

उनकी प्रमुख कृतियाँ हैं : **कविता :** 'संसद से सड़क तक', 'कल सुनना मुझे', 'सुदामा पाण्डेय का प्रजातन्त्र'।

धूमिल की अन्तिम कविता

यह कविता शोषक और शोषित को केन्द्र में रखकर लिखी गयी है। कवि का कहना है कि कवि की कविता के आधार कौन हैं, उन्हें पहचानो; पहचानो मिट्टी में गिरे हुए ख़ून के रंग को जो शोषकों के अत्याचार का प्रतीक है। अगर तुम्हें दबे-कुचले लोगों की पीड़ा को जानना है तो लोहार यानी शोषक से नहीं, उस घोड़े यानी उस जन से पूछे जो शोषण का शिकार है।

धूमिल की अन्तिम कविता

शब्द किस तरह
कविता बनते हैं
इसे देखो
अक्षरों के बीच गिरे हुए
आदमी को पढ़ो
क्या तुमने सुना कि यह
लोहे की आवाज़ है या
मिट्टी में गिरे हुए ख़ून
का रंग।

लोहे का स्वाद
लोहार से मत पूछो
उसे घोड़े से पूछो
जिसके मुँह में लगाम है।

दिनांक 14-1-75 को लिखी गयी धूमिल की अन्तिम कविता, जब वे भीषण सिरदर्द से पीड़ित थे और दृष्टि एकदम कमज़ोर हो चुकी थी। छोटे भाई लोकनाथ पाण्डेय से बोले, "ज़रा काग़ज़-पेंसिल लाओ, देखें–दृष्टि कमज़ोर हो गयी है, चशमा बग़ैर लिख पाता हूँ या नहीं।" काग़ज़-पेंसिल मँगवाकर ये पंक्तियाँ लिखीं।

इस कविता की अन्तिम चार पंक्तियाँ 'आलोचना', अंक 33 के सौजन्य से।

अनामिका

अनामिका का जन्म 17 अगस्त 1963 को मुज़फ़्फ़रपुर, बिहार में हुआ। इन्होंने अंग्रेज़ी साहित्य से पीएच.डी. की उपाधि प्राप्त की है।

अनामिका की कविताओं में मानवीय संवेदनाओं को रचने के लिए एक बड़ा भूगोल है। स्त्री-मुक्ति के लिए संघर्ष और प्रतिरोध का स्वर इस तरह ज़मीनी कि स्त्रियों को सहज ही अपना लगे। उनकी कविताएँ भाषा और शिल्प के स्तर पर हिन्दी कविता में एक नये आस्वाद को जन्म देती हैं। उनकी कविताओं में लोक का एक बड़ा कैनवस है, या यूँ कहें कि एक बड़ी भूमिका देखने को मिलती है। न सिर्फ़ अपने समय की, बल्कि विभिन्न युगों की स्त्रियों के संघर्ष, स्वप्न और मुक्ति का स्वर उनकी रचना में सहज ही परिलक्षित होता है। वे आधुनिक भाषा की प्रमुख कवि, उपन्यासकार और समालोचक हैं।

वे 'साहित्य अकादेमी पुरस्कार', 'राजभाषा परिषद् पुरस्कार', 'गिरिजाकुमार माथुर सम्मान', 'भारतभूषण अग्रवाल पुरस्कार', 'साहित्यकार सम्मान', 'परम्परा सम्मान', 'केदार सम्मान', 'शमशेर सम्मान', 'मुक्तिबोध सम्मान', 'वाणी फ़ाउंडेशन डिस्टिंग्विश्ड ट्रांसलेटर अवार्ड', 'वैली ऑफ़ वर्ड्ज़ अवार्ड' आदि से सम्मानित हो चुकी हैं।

उनकी प्रमुख कृतियाँ हैं : **कविता :** 'अनुष्टुप', 'ग़लत पते की चिट्ठी', 'बीजाक्षर', 'समय के शहर में', 'कविता में औरत', 'खुरदरी हथेलियाँ', 'दूब-धान', 'थेरी गाथा : टोकरी में दिगन्त', 'वर्किंग विमेंस हॉस्टल और अन्य कविताएँ'; **कहानी** : 'प्रतिनायक'; **संस्मरण :** 'एक ठो शहर था', 'एक थे शेक्सपियर', 'एक थे चार्ल्स डिकेंस'; **उपन्यास :** 'अवान्तर कथा', 'दस द्वारे का पींजरा', 'तिनका तिनके पास', 'तृन धरि ओट' आदि।

बेजगह

यह कविता पितृसत्तात्मक समाज का वह सच है जहाँ बेटा और बेटी में जन्म से ही फ़र्क़ किया जाता रहा है और इस फ़र्क़ के कारण आज तक बेटियों यानी स्त्रियों

को वह हक़ नहीं मिल पाया, जिसका वे एक बेटी, एक बहन, एक पत्नी, एक माँ आदि रूपों में अपने अस्तित्व और अस्मिता के लिए हक़दार रही हैं। यह भी कहा जाता रहा है कि वे पढ़-लिखकर क्या करेंगी जब कि वे क्या नहीं कर सकतीं। यह कविता पुरुष सत्ता की युगों की सोच और संवेदनहीता को परत-दर-परत उघाड़ते कई सवाल खड़ी करती है और एक बड़े कैनवस पर स्त्री-विमर्श को जन्म देती है।

बेजगह

“अपनी जगह से गिर कर
कहीं के नहीं रहते
केश, औरतें और नाख़ून”–
अन्वय करते थे किसी श्लोक को ऐसे
हमारे संस्कृत टीचर।
और मारे डर के जम जाती थीं
हम लड़कियाँ
अपनी जगह पर!

जगह? जगह क्या होती है?
यह, वैसे, जान लिया था हमने
अपनी पहली कक्षा में ही!
याद था हमें एक-एक क्षण
आरम्भिक पाठों का–
“राम, पाठशाला जा!
राधा, खाना पका!
राम, आ बताशा खा!
राधा, झाड़ू लगा!
भैया अब सोयेगा,
जाकर बिस्तर बिछा!
अहा, नया घर है!
राम, देख यह तेरा कमरा है!”

"और मेरा?"
"ओ पगली,
लड़कियाँ हवा, धूप, मिट्टी होती हैं
उनका कोई घर नहीं होता!"
जिनका कोई घर नहीं होता–
उनकी होती है भला कौन-सी जगह?
कौन-सी जगह होती है ऐसी
जो छूट जाने पर
औरत हो जाती है

कटे हुए नाख़ूनों,
कंघी में फँसकर बाहर आये केशों-सी
एकदम से बुहार दी जाने वाली?

घर छूटे, दर छूटे, छूट गये लोग-बाग,
कुछ प्रश्न पीछे पड़े थे, वे भी छूटे!
छूटती गयीं जगहें

लेकिन, कभी भी तो नेलकटर या कंघियों में
फँसे पड़े होने का एहसास नहीं हुआ!

परम्परा से छूटकर बस यह लगता है–
किसी बड़े क्लासिक से
पासकोर्स बीए के प्रश्नपत्र पर छिटकी
छोटी-सी पंक्ति हूँ–
चाहती नहीं लेकिन
कोई करने बैठे
मेरी व्याख्या सप्रसंग!

सारे सन्दर्भों के पार
मुश्किल से उड़कर पहुँची हूँ,
ऐसी ही समझी-पढ़ी जाऊँ
जैसे तुकाराम का कोई
अधूरा अभंग!

उदय प्रकाश

उदय प्रकाश का जन्म 1 जनवरी 1952 को मध्य प्रदेश के शहडोल (अब अनूपपुर) ज़िले के गाँव सीतापुर में हुआ। शिक्षा हुई सागर विश्वविद्यालय, सागर और जवाहरलाल नेहरू विश्वविद्यालय, नयी दिल्ली में। 'पूर्वग्रह', 'दिनमान' 'संडे मेल' आदि पत्रिकाओं में सम्पादन-कार्य किया।

उदय प्रकाश अपनी भाषा, शिल्प में काव्य-कथ्य को रचने वाले एक अनोखे कवि हैं। उनकी कविताएँ घर, परिवार, समाज से होते हुए समय से जिस तरह टकराती हैं, उससे उनकी संवेदना और विचार का एक अलग ही कैनवस देखने को मिलता है। यथार्थ, स्वप्न और आत्संघर्ष का एक विशाल रचना-संसार है उनके पास। वे जितने महत्त्वपूर्ण कवि हैं, उतने ही महत्त्वपूर्ण कथाकार भी हैं। उन्होंने अपनी कथा के ज़रिये हिन्दी में कहन की एक नयी शैली विकसित की, जिससे एक नये आस्वाद से पाठकों का परिचय हुआ। उन्होंने कविता-कहानी के अलावा साहित्य की अन्य विधाओं के साथ सिनेमा पर भी समृद्ध लेखन किया है।

उनकी प्रमुख कृतियाँ हैं : **कविता :** 'सुनो कारीगर', 'अबूतर-कबूतर', 'रात में हारमोनियम', 'एक भाषा हुआ करती है'; **कहानी :** 'दरियाई घोड़ा', 'तिरिछ', 'और अन्त में प्रार्थना', 'पॉल गोमरा का स्कूटर', 'पीली छतरी वाली लड़की', 'दत्तात्रेय के दुख', 'मोहन दास', 'अरेबा-परेबा', 'मैंगोसिल'; **निबन्ध, आलोचना, साक्षात्कार :** 'ईश्वर की आँख', 'अपनी उनकी बात' और 'नयी सदी का पंचतन्त्र'। देश-विदेश की अनेक भाषाओं में इनकी रचनाओं के अनुवाद हो चुके हैं।

वे 'साहित्य अकादेमी पुरस्कार', 'भारतभूषण अग्रवाल पुरस्कार', 'ओमप्रकाश साहित्य सम्मान', 'श्रीकान्त वर्मा स्मृति पुरस्कार', 'मुक्तिबोध पुरस्कार', 'साहित्यकार सम्मान', 'पहल सम्मान', 'कथाक्रम सम्मान', 'पुश्किन सम्मान', 'द्विजदेव सम्मान' से सम्मानित किये गये हैं।

मरना

यह कविता स्पष्ट करती है कि अगर आप आदमी हैं तो आपको ज़िन्दा दिखना ज़रूरी है, और ज़िन्दा आप तभी दिख सकते हैं जब आप समाज में, व्यवस्था में या कहीं भी आदमी और आदमियत के ख़िलाफ़ जो कुछ घटित हो रहा, उस पर चुप्पी न साध सोचेंगे, बोलेंगे। क्योंकि सोचने-बोलने से ही चीज़ें बदलती हैं। अगर आप आदमी हैं तो तटस्थ नहीं रह सकते, अगर रहते हैं तो आप में और एक मरे हुए आदमी में कोई अन्तर नहीं।

मरना

आदमी
मरने के बाद
कुछ नहीं सोचता।

आदमी
मरने के बाद
कुछ नहीं बोलता।

कुछ नहीं सोचने
और कुछ नहीं बोलने पर
आदमी
मर जाता है।

कृति-पाठ : 3

ओमप्रकाश वाल्मीकि

ओमप्रकाश वाल्मीकि का जन्म 30 जून 1950 को बरला, मुज़फ़्फ़रनगर, उत्तर प्रदेश में हुआ। उन्होंने एम.ए. हिन्दी साहित्य में किया। वे देहरादून स्थित आर्डिनेंस फ़ैक्ट्री में अधिकारी रहे।

ओमप्रकाश वाल्मीकि दलित साहित्य के एक प्रमुख लेखक हैं। उनके लेखन में दलित जीवन का वह अनुभूत यथार्थ है जिसे बहुत पहले बदल जाना चाहिए था लेकिन अब तक पूर्णत: नहीं बदल पाया। ग़ौर करने की बात है कि विचलित और चिन्तित करने वाली परिस्थितियों के बावजूद उनका साहित्य घृणा, ईर्ष्या और प्रतिशोध का साहित्य नहीं है। वे समानता चाहते हैं, वे चाहते हैं कि दलित भी मनुष्य हैं तो सबकी तरह मनुष्य बनकर जीने का उन्हें हक़ मिले, ताकि अछूत होने का दंश मिटे क्योंकि अस्पृश्यता समाज में एक कोढ़ की तरह है। इसलिए वे जो भी सवाल उठाते हैं, एक दिन के नहीं सदियों पुराने हैं, जिनके जवाब सवर्ण हिन्दू समाज के पास आज भी नहीं; निरुत्तर कर देते हैं उनके पात्र-सवाल।

उनकी प्रमुख कृतियाँ हैं : **कहानी :** 'सलाम', 'घुसपैठिये', 'छतरी'; **कविता :** 'सदियों का सन्ताप', 'बस्स! बहुत हो चुका', 'अब और नहीं', 'शब्द झूठ नहीं बोलते'; **आत्मकथा :** 'जूठन'; **आलोचना :** 'दलित साहित्य का सौन्दर्यशास्त्र', 'मुख्यधारा और दलित साहित्य', 'दलित साहित्य : अनुभव, संघर्ष और यथार्थ'; **सामाजिक अध्ययन :** 'सफ़ाई देवता' आदि। इसके अलावा कई रचनाओं का देश-विदेश की विभिन्न भाषाओं में अनुवाद प्रकाशित। कुछ रचनाओं का नाट्य-मंचन।

वे 'डॉ. अम्बेडकर राष्ट्रीय पुरस्कार', 'परिवेश सम्मान', 'जयश्री सम्मान', 'कथाक्रम सम्मान', 'साहित्य भूषण सम्मान', 'न्यू इंडिया बुक पुरस्कार' आदि से सम्मानित किये गये।

ओमप्रकाश वाल्मीकि का निधन 17 नवम्बर 2013 को हुआ।

ठाकुर का कुआँ

सामन्तवादी व्यवस्था में दलितों के स्वामित्व की क्या स्थिति रही है, इस पर यह कविता उत्पीड़न की कथा बयान करती है। यह बताती है कि समाज के उच्च वर्णों ने किस तरह बहुत कुछ पर क़ब्ज़ा कर जिनसे काम करवाता रहा, उन्हीं का हक़ भी मारता रहा। कविता सवाल उठाती है कि जब सब ठाकुरों का, मेहनत करने वाले दलितों का नहीं तो फिर किस काम का यह गाँव, यह शहर, यह देश? आख़िर किसके हैं ये? किसलिए हैं ये?

ठाकुर का कुआँ

चूल्हा मिट्टी का
मिट्टी तालाब की
तालाब ठाकुर का।

भूख रोटी की
रोटी बाजरे की
बाजरा खेत का
खेत ठाकुर का।

बैल ठाकुर का
हल ठाकुर का
हल की मूठ पर हथेली अपनी
फ़सल ठाकुर की।

कुआँ ठाकुर का
पानी ठाकुर का
खेत-खलिहान ठाकुर के
गली-मुहल्ले ठाकुर के
फिर अपना क्या?
गाँव?
शहर?
देश?

अरुण कमल

अरुण कमल का जन्म 15 फ़रवरी 1954 को नासरीगंज, रोहतास, बिहार में हुआ। पटना विश्वविद्यालय में अंग्रेज़ी के प्राध्यापक रहे।

अरुण कमल आठवें दशक के एक प्रतिनिधि कवि हैं। ये जन के कवि हैं, इसलिए जन की व्यथा, संघर्ष, आक्रोश, स्वप्न और सरोकार इनकी कविताओं में अपनी पूरी संवेदना और दृष्टि के साथ मूर्त है। ये भाषा और शिल्प के लिए अतिरिक्त की खोज नहीं करते, लोक की संगत में अर्जित भाषा और शिल्प ही इनकी कविता की भाषा और शिल्प है। बदलती दुनिया में इनकी कविता का प्रदेश दूर से देखा हुआ नहीं, उसमें रहकर जिया हुआ प्रदेश है, इसलिए कविताएँ अनछुए, अनदेखे के कारण अचम्भित ही नहीं करतीं बल्कि अपनत्व के एक गहरे रंग में शामिल भी करती हैं। इनकी कविताओं से संवाद करने का मतलब है अपने समय, समाज, राजनीति, अर्थतन्त्र, सभ्यता, संस्कृति, न जाने कितनी सारी चीज़ों से संवाद करना, जिसमें सबसे अहम है अपने आप से संवाद करना। हिन्दी कविता को समृद्ध ही नहीं, एक बड़ी ऊँचाई भी प्रदान करती हैं अरुण कमल की कविताएँ।

उनकी प्रमुख कृतियाँ हैं : **कविता :** 'अपनी केवल धार', 'सबूत', 'नये इलाके में', 'पुतली में संसार', 'मैं वो शंख महाशंख', 'योगफल'; **आलोचना :** 'कविता और समय', 'गोलमेज'; **साक्षात्कार :** 'कथोपकथन'; **समकालीन कवियों पर निबन्धों की पुस्तक :** 'दुःखी चेहरों का शृंगार प्रस्तावित'; **अंग्रेज़ी में समकालीन भारतीय कविता के अनुवादों की पुस्तक :** 'वायसेज'; वियतनामी कवि तो हूँ की कविताओं तथा टिप्पणियों की अनुवाद-पुस्तिका और मायकोव्स्की की आत्मकथा और अनेक देशी-विदेशी कविताओं के अनुवाद प्रकाशित। देश-विदेश की विभिन्न भाषाओं में इनकी कविताओं के साथ कई कविता-पुस्तकें अनूदित एवं प्रकाशित। नामवर सिंह के प्रधान सम्पादकत्व में 'आलोचना' के तीस अंकों का सम्पादन भी किया।

वे 'साहित्य अकादेमी पुरस्कार', 'भारतभूषण अग्रवाल स्मृति पुरस्कार', 'सोवियत लैंड नेहरू अवार्ड', 'श्रीकान्त वर्मा स्मृति पुरस्कार', 'शमशेर सम्मान' और 'रघुवीर सहाय स्मृति पुरस्कार' से सम्मानित किये गये हैं।

सबसे ज़रूरी सवाल

यह कविता हाशिये पर जी रहे या ढकेल दिये गये जीवन से जुड़ी समस्याओं से अवगत कराती है और सवाल करते अपनी चिन्ताएँ व्यक्त करती है। कवि की दृष्टि में यह जीने की नहीं मार डालने की व्यवस्था है, यह क्रूर है, इसलिए कि इस व्यवस्था में बच्चे हों, प्रसूति माँ या वृद्ध; कामगार नौजवान हों, बीमार, भादों की रात में भीगते या बस्तियों को छोड़कर चले गये लोग या कूड़े के ढेर पर जीने को मजबूर गायें, सब साज़िश के शिकार हैं, एक अच्छी व्यवस्था की निशानी नहीं। इसलिए ऐसी अमानवीय व्यवस्था बदलनी चाहिए, बदल देनी चाहिए।

सबसे ज़रूरी सवाल

सबसे ज़रूरी सवाल यही है मेरे लिए कि
क्या हमारे बच्चों को भर पेट दूध मिल रहा है
सबसे ज़रूरी सवाल यही है कि
क्या प्रसूति माँओं को मिल रहा है हल्दी, छुहारे का हलवा
और दादा दादी को हर रात दूध में रोटी?

सबसे ज़रूरी सवाल यही है मेरे लिए कि
हमारे नौजवान काम से लौटते थके तो नहीं ज़्यादा?
और रात को सोये तो ठीक से?
क्या हर बीमार के सिरहाने रक्खा है अनार
और हर बीमार को वही इलाज जो देश के प्रधान को?

सबसे ज़रूरी सवाल यही है मेरे लिए कि इतने लोग
भादों की रात में भीग क्यों रहे हैं
कहाँ गये वे लोग इन बस्तियों को छोड़कर
हमारी गौवें इस अँधेरी रात में क्यों खड़ी हैं कूड़े की ढेर में
किसने फेंका मेरी माँ को घर से बाहर?

जिस देश में भूखे हों बच्चे, माँएँ और गौवें
उस देश को धरती पर रहने का हक़ नहीं।

ज्ञानेन्द्रपति

ज्ञानेन्द्रपति का जन्म 1 जनवरी 1950 को ग्राम पथरगामा, झारखण्ड में हुआ। उच्च शिक्षा पटना में हुई। विश्वविद्यालयीन जीवन में छात्र-राजनीति और जन-संघर्षों में सक्रिय रूप से शामिल रहे। दस वर्षों तक बिहार सरकार में अधिकारी के रूप में कार्य, फिर नौकरी को 'ना करी' कहा और बनारस में रहते अपना पूरा जीवन लेखन को समर्पित कर दिया।

ज्ञानेन्द्रपति जन और प्रकृति के एक विरल कवि हैं। इनके यहाँ विषय अरराकार नहीं आते, छोटी-छोटी अनुभूतियाँ और चिन्ताएँ भी अपने समय के ज़रूरी पक्ष की तरह एक वृहद् अर्थवत्ता में अपना लोक रचती हैं। अगर इनके पास तद्‌भव, तत्सम शब्द हैं तो अपने ठाट में नये निर्मित देशज शब्द कथ्य में इस तरह घुले-मिले मिलेंगे कि अलग से न लगकर अपनी ख़ास सम्बद्धता से एक अलग ही कला-दृष्टि का परिचय देते हैं। तन्त्र चाहे किसी चीज़ का हो, उसमें ऐसा क्या कुछ घटित हो रहा जो मूल्यों के विपरीत, उस सब पर पैनी नज़र रखते ये अपने अन्वेषण में बहुत कुछ नये टूल्स के साथ शामिल करते चलते हैं, इसलिए यथार्थबोध अपने सभ्यता-विमर्श में जिस तरह अपने वितान और विधान में इनके यहाँ दिखता है, वह अन्यत्र नहीं। वैश्वीकरण में वर्चस्व की सही शिनाख़्त अगर देखनी है, तो ज्ञानेन्द्रपति की कविताओं से गुज़रना होगा। एक यायावर, प्रेमिल लेखनी का भी अछूता उदाहरण ढूँढ़ना हो, तो ज्ञानेन्द्रपति का रचना-संसार इसके लिए एकदम मुफ़ीद है।

उनकी प्रमुख कृतियाँ हैं : **कविता :** 'आँख हाथ बनते हुए', 'शब्द लिखने के लिए ही यह काग़ज़ बना है', 'गंगातट', ' संशयात्मा', 'भिनसार', 'मनु को बनाती मनई', 'गंगा-बीती', 'कविता-भविता', 'कवि ने कहा' (संचयन); **काव्य-नाटक :** 'एकचक्रनगरी'; **गद्य :** 'पढ़ते-गढ़ते'।

वे 'साहित्य अकादेमी पुरस्कार', 'पहल सम्मान', 'बनारसी प्रसाद भोजपुरी सम्मान', 'शमशेर सम्मान' और 'जनकवि नागार्जुन स्मृति सम्मान' से सम्मानित किये गये।

प्यासा कुआँ

यह कविता आधुनिक युग में हमारे मूल्यों और संवेदना को गहरे छूने वाले बदलाव को रेखांकित करती है। कैसे एक कुआँ जो कल तक हमारी प्यास का हिस्सा था, आज ख़ुद हैंडपम्प आने के बाद उपेक्षित हो गया है, सिर्फ़ उपेक्षित ही नहीं बल्कि एक कूड़ादान भी बनता जा रहा, और उसकी प्यास की सिसकी, जिसमें एक युग का कितना कुछ समाहित, इस टूटते-छूटते दौर में किसी को सुनाई नहीं दे रही; यानी हम अपने जीवन में उसके योगदान को भूलते जा रहे। यह कविता हमारे समय की एक बहुत ही ज़रूरी कविता है, क्योंकि पर्यावरण को लेकर भी बहुत कुछ कहती है। कुआँ सूख रहा, इसका मतलब ऐसा बहुत कुछ सूख रहा, जिसके बिना प्रकृति सम्भव न पृथ्वी, फिर जीवन कैसे सम्भव!

प्यासा कुआँ

प्यास बुझाता रहा था जाने कब से
बरसों बरस से
वह कुआँ
लेकिन प्यास उसने तब जानी थी
जब
यकायक बन्द हो गया जल-सतह तक
बाल्टियों का उतरना
बाल्टियाँ—जो अपना लाया आकाश डुबोकर
बदले में उतना जल लेती थीं

प्यास बुझाने को प्यासा
प्रतीक्षा करता रहा था कुआँ, महीनों
तब कभी एक
प्लास्टिक की ख़ाली बोतल
आकर गिरी थी
पानी पीकर अन्यमनस्क फेंकी गयी एक प्लास्टिक-बोतल
अब तक हैंडपम्प की उसे चिढ़ाती आवाज़ भी नहीं सुन पड़ती

एक गहरा-सा कूड़ादान है वह अब
उसकी प्यास सिसकी की तरह सुनी जा सकती है अब भी
अगर तुम दो पल उस औचक बुढ़ाए कुएँ के पास खड़े होओ चुप।

पवन करण

पवन करण का जन्म 18 जून 1964 को ग्वालियर, मध्य प्रदेश में हुआ। शिक्षा में पीएच.डी. (हिन्दी), जनसंचार एवं मानव संसाधन विकास में स्नातकोत्तर पत्रोपाधि शामिल। 'नवभारत' और 'नई दुनिया', ग्वालियर में साहित्यिक पृष्ठ 'सृजन' का सम्पादन तथा साप्ताहिक साहित्यिक स्तम्भ 'शब्द-प्रसंग' का लेखन।

पवन करण जगत् में जो कुछ जीवन के आसपास, उससे जुड़ा, उसे अपनी कविता में सहज ही उतारने में कुशल हैं। इसलिए इनका काव्य-परिवेश जाना-पहचाना होकर भी अपनी भाषा और शैली में विशिष्ट लगता है। अपने मूल्यों और सरोकारों से जुड़ी संवेदना एक बड़े कैनवस की लगती है। सौन्दर्य भी अपने प्राकृतिक रूप में दिखता है। घर-परिवार, समय-समाज-सत्ता हो, या प्रतिबद्धता या प्रतिकार, अपने सूक्ष्म अन्वेषण और सहज बयानी में पठनीय के साथ विशिष्ट भी लगते हैं। प्रेम, सम्बन्ध और स्त्रियों को केन्द्र में रखकर लिखी गयी इनकी कविताएँ हिन्दी कविता में अपनी एक अलग ही ज़मीन रचती हैं।

इनकी प्रमुख कृतियाँ हैं : **कविता :** 'इस तरह मैं', 'स्त्री मेरे भीतर', 'अस्पताल के बाहर टेलीफ़ोन', 'कहना नहीं आता', 'कोट के बाज़ू पर बटन', 'कल की थकान', 'स्त्रीशतक' : खण्ड-एक, 'स्त्रीशतक' : खण्ड-दो। कविता-संग्रह 'स्त्री मेरे भीतर' विभिन्न भाषाओं में प्रकाशित। इस संग्रह की कविताओं का नाट्य-मंचन। देश-विदेश की विभिन्न भाषाओं में अनेक कविताओं का अनुवाद प्रकाशित।

वे 'रामविलास शर्मा पुरस्कार', 'रज़ा पुरस्कार', 'वागीश्वरी सम्मान', 'शीला सिद्धान्तकर स्मृति सम्मान', 'परम्परा ऋतुराज सम्मान', 'केदार सम्मान', 'स्पन्दन सम्मान' से सम्मानित हो चुके हैं।

कहना

इस कविता में कवि ने दो वर्गों को चिह्नित किया है। एक वर्ग ऐसा है जो आभिजात्य होने के कारण ऐसा मान बैठा है कि कहना सीखने की एक कला है और वह उसी

की श्रेणी के लोगों के पास है, इसलिए अपनी बात कहने का उन्हें ही अधिकार है यानी जो उसकी श्रेणी के नहीं, कहने के हक़दार नहीं। ज़ाहिर-सी बात है, ऐसे कौन लोग हो सकते हैं, वही जो कला, शिक्षा, जाति आदि स्तरों पर युगों से छले जाते रहे हैं ताकि उनकी बराबरी न कर सकें, इसलिए मुख्यधारा से बाहर किये जाते रहे। कवि जानता है कि ये दबे-कुचले वर्ग के लोग हैं, जिनके पास कहने को हमेशा बहुत कुछ रहा, लेकिन कहने नहीं दिया गया, अगर कहने की जुर्रत की तो यातनाओं के शिकार हुए। वह अपना पक्ष स्पष्ट करता है कि वह भी उन्हीं लोगों में से एक है।

कहना

तुम्हें कहना नहीं आता
कहने क्यों चले आये
पहले कहना सीखो
फिर अपनी बात कहना

जिनके पास कहने को है
जो कहना चाहते हैं
जिन्हें कहना नहीं आता
मैं उनमें से एक हूँ।

❑❑